W0040998

Mit Humor
durch
die Bibel

Anekdoten,
Witze,
Kuriositäten

benno

Bibliografische Informationen der Deutschen Nationalbibliothek
Die Deutsche Nationalbibliothek verzeichnet diese Publikation
in der Deutschen Nationalbibliografie;
detaillierte bibliografische Daten sind im Internet
über http://dnb.d-nb.de abrufbar.

Besuchen Sie uns im Internet:
www.st-benno.de

ISBN 978-3-7462-2876-1

© St. Benno-Verlag GmbH
04159 Leipzig, Stammerstr. 11
Zusammengestellt und bearbeitet von Annegret Kokschal, Leipzig
Umschlaggestaltung: Ulrike Vetter, Leipzig, unter Verwendung eines
Motivs von Werner Küstenmacher, aus: Die Bilderbögen, Tikis
Gesammelte Werke Band 2, © Claudius Verlag München
Gesamtherstellung: Kontext, Lemsel (A)

INHALTSVERZEICHNIS

DAS
ALTE
TESTAMENT

Immer der Reihe nach

Während eines diplomatischen Empfangs sprach Angelo Roncalli, der Nuntius in Frankreich und spätere Papst Johannes XXIII., mit dem Oberrabbiner von Paris.

Beim Eintritt in den Speisesaal wollte ihm der Rabbiner den Vortritt lassen. Roncalli wehrte ab: „Oh nein, erst das Alte Testament, dann das Neue."

DAS BUCH GENESIS

Gott sprach: Es werde Licht. Und es wurde Licht.
Genesis 1,3

Wo Licht, da auch Schatten

Frage: Wie viele Existentialisten braucht man, um
eine Glühbirne auszuwechseln?
Antwort: Zwei. Einer betrauert die Dunkelheit, während der zweite etwas anderes als Licht neudefiniert.

Frage: Wie viele Philosophen benötigt man, um eine
Glühbirne auszuwechseln?
Antwort: Das ist eine gute Frage. Versuchen wir doch
zunächst einmal, uns Klarheit über das Licht als solches in seiner natürlichen, aber auch in seiner symbolischen Bedeutung zu verschaffen, danach werden wir
über das Wesen der Glühlampe und ihre Vergänglichkeit nachdenken; auch ist die Frage zu klären, ob es
hier um Glühlampen oder Glühbirnen geht, ...

Frage: Wie viele Mitglieder einer Amish-Gemeinde
braucht man, um eine Glühbirne auszuwechseln?
Antwort der Amish-Gemeinde: Was ist eine Glühbirne?

Frage: Wie viele Pfingstler braucht man, um eine Glühbirne auszuwechseln?
Antwort: Zehn. Einer wechselt die Birne und neun beten gegen den Geist der Finsternis.

Frage: Wie viele Baptisten braucht man, um eine Glühbirne auszuwechseln?
Antwort: Wieso auswechseln?

Frage: Wie viele Fernsehevangelisten braucht man, um eine Glühbirne auszuwechseln?
Antwort: Einen. Aber wenn Sie wollen, dass die Botschaft vom Licht weiterhin verkündet wird, überweisen Sie noch heute Ihre Spende an …

Frage: Wie viele Lutheraner braucht man, um eine Glühbirne auszuwechseln?
Antwort: Besser zwei, einer ist am Ende dann doch dagegen.

Frage: Wie viele Katholiken braucht man, um eine Glühbirne auszuwechseln?
Antwort: Einen, aber auf keinen Fall einen Laien!

Gott machte die beiden großen Lichter, das größere, das über den Tag herrscht, das kleinere, das über die Nacht herrscht, auch die Sterne. Gott setzte die Lichter an das Himmelsgewölbe, damit sie über die Erde hin leuchten.

Genesis 1,16-17

Hilfsangebot

Alfons X. der Weise (1221–1284), König von Kastilien und Léon, war auch ein großer Dichter und Astronom. Eines Tages, als er wieder über seinen Himmelskarten brütete, sagte er: „Wenn ich der Ratgeber des lieben Gottes wäre, könnte ich ihm zu der Bewegung der Sterne viele nützliche Vorschläge machen."

Da ließ Gott, der Herr, einen tiefen Schlaf auf den Menschen fallen, so dass er einschlief, nahm eine seiner Rippen und verschloss ihre Stelle mit Fleisch. Gott, der Herr, baute aus der Rippe, die er vom Menschen genommen hatte, eine Frau und führte sie dem Menschen zu.

Genesis 2,21-22

Schlaf und Ruh

Es legte Adam sich im Paradiese schlafen;
Da ward aus ihm das Weib geschaffen.
Du armer Vater Adam, du!
Dein erster Schlaf war deine letzte Ruh'.

MATTHIAS CLAUDIUS

Da sprach Gott, der Herr, zur Schlange: Weil du das getan hast, bist du verflucht unter allem Vieh und allen Tieren des Feldes. Auf dem Bauch sollst du kriechen und Staub fressen alle Tage deines Lebens.

Genesis 3,14

Schlussfolgerung

Bei der Abschlussprüfung in Theologie fragt der Dozent, was der Engel bei der Vertreibung aus dem Paradies zu Eva gesagt hätte, falls er etwas gesagt hat. Die Studentin ist nicht verlegen: „Auf dem Bauch sollst du kriechen und Staub wischen dein Leben lang!"

Da fiel Abraham auf sein Gesicht nieder und lachte.

Genesis 17,17

Heiliger Humor

Humor ist kein Hindernis für Heiligkeit. Wenn du sonst nichts zum Lachen finden kannst, so hast du doch immer noch dich selbst. Dem Nächsten mit Lachen die Wahrheit sagen, ist allemal besser, als ihn mit der Wahrheit zu erschlagen. Humor hat viel mit Liebe und Güte zu tun. Wer die Freudenbotschaft ernst nimmt, hat Grund zu lachen.

BISCHOF KELLY

Erkennungszeichen

Für den reformierten Schweizer Theologe Karl Barth (1886–1968) waren Theologie und Humor keine Gegensätze. Er sagte einmal: „Ein Christ betreibt dann gute Theologie, wenn er im Grunde immer fröhlich, ja mit Humor bei seiner Sache ist."

Mach dir eine Arche aus Zypressenholz! Statte sie mit Kammern aus, und dichte sie innen und außen mit Pech ab! So sollst du die Arche bauen: Dreihundert Ellen lang, fünfzig Ellen breit und dreißig Ellen hoch soll sie sein. Mach der Arche ein Dach und hebe es genau um eine Elle nach oben an! Den Eingang der Arche bring an der Seite an! Richte ein unteres, ein zweites und ein drittes Stockwerk ein! Ich will nämlich die Flut über die Erde bringen, um alle Wesen aus Fleisch unter dem Himmel, alles, was Lebensgeist in sich hat, zu verderben. Alles auf Erden soll verenden.

Genesis 6,14-17

Lektion der Arche Noach

1. Nicht das Boot verpassen!

2. Denke daran, dass wir alle im selben Boot sitzen.

3. Plane vorausschauend! Es hat nicht geregnet, als Noach die Arche baute.

4. Bleibe in Form! Auch wenn du 100 Jahre alt bist, könnte dich jemand auffordern, etwas wirklich Großes zu tun.

5. Höre nicht auf die Kritiker; tue einfach deine Arbeit weiter, die getan werden muss.

6. Baue dir deine Zukunft auf hohem Niveau.

7. Um der Sicherheit willen reise paarweise.

8. Geschwindigkeit ist nicht immer ein Vorteil. Die Schnecken waren ebenso an Bord wie die Geparde.

9. Wenn du gestresst bist, lass dich eine Weile treiben.

10. Denke daran, dass die Arche von Amateuren gebaut wurde, die Titanic von Profis!

11. Mache dir keine Sorgen um den Sturm! Wenn du mit Gott unterwegs bist, wartet immer ein Regenbogen auf dich.

Darauf sprach der Herr zu Noach: Geh in die Arche, du und dein ganzes Haus, denn ich habe gesehen, dass du unter deinen Zeitgenossen vor mir gerecht bist. Von allen reinen Tieren nimm dir je sieben Paare mit und von allen unreinen Tieren je ein Paar.

Genesis 7,1-2

Transportproblem

Johann Friedrich Flattich (1713–1797), evangelischer Pfarrer in Württemberg, nahm an einem Empfang teil, bei dem ein Herr v. Osten über den biblischen Bericht von der Sintflut spöttelte und ihn in Zweifel zog: „Ich kann mir nicht recht vorstellen, wie der Herrgott seinerzeit all die Tiere, die doch auf der ganzen Erde verstreut lebten, paarweise in die Arche Noachs hineinbekommen hat, um sie für die Nachwelt zu erhalten!" Der über viel Mutterwitz und Schlagfertigkeit verfügende Pfarrer Flattich erwiderte, indem er die entsprechenden Handbewegungen dazu machte: „Gott ist allmächtig. Deshalb braucht er nur seine Hand in die jeweilige Himmelsrichtung auszustrecken, zu winken und dabei etwa zu rufen: Komm her, du Löwe aus dem Süden – du Schlange aus dem Westen – du Eisbär von Norden – du *Esel von Osten*!"

Gott schuf also den Menschen als sein Abbild; als Abbild Gottes schuf er ihn. Als Mann und Frau schuf er sie.

Genesis 1,27

Ehe-Einmaleins

Dieser Spruch stammt aus der Wohnstube eines Bauernhauses im Isergebirge im früheren Sudetenland.

1 x 1 der Eheleute
Ihr sollt stets 1 sein.
Ihr sollt euch nie ent2en.
Ihr sollt euch stets 3 bleiben
und euch stets gut 4en.
Ihr sollt die 5 nicht gerade sein lassen
und eure 6er zusammenhalten.
Ihr sollt eure 7 Sachen
in 8 nehmen.
Ihr sollt nicht immer 9sagen.
Ihr sollt euch nie die 10e zeigen.

Und Jakob sagte: Du Gott meines Vaters Abraham und Gott meines Vaters Isaak, Herr, du hast mir gesagt: Kehr in deine Heimat und zu deiner Verwandtschaft zurück; ich werde es dir gut gehen lassen.

Genesis 32,10

Verwechslung

Der deutsch-jüdische Philosoph Moses Mendelssohn (1729–1786) begegnete bei einem Spaziergang im Berliner Tiergarten drei Studenten. Diese glaubten, sich auf Kosten des Gelehrten einen Scherz erlauben zu können.

„Guten Morgen, Vater Abraham!", sagte der erste.

„Guten Morgen, Vater Isaak!", sagte der zweite.

„Guten Morgen, Vater Jakob!", sagte der dritte.

Mendelssohn ließ sich nicht aus der Ruhe bringen und erwiderte lächelnd: „Sie irren sich, meine Herren. Ich bin weder Abraham, noch Isaak noch Jakob. Vielmehr bin ich Saul, der Sohn des Kis, der unterwegs ist, um die Esel seines Vaters zu suchen. Und ich bin sicher, dass ich sie jetzt gefunden habe."

Seine Brüder sahen Josef schon von weitem. Bevor er jedoch nahe an sie herangekommen war, fassten sie den Plan, ihn umzubringen. Sie sagten zueinander: Dort kommt ja dieser Träumer. Jetzt aber auf, erschlagen wir ihn und werfen wir ihn in eine der Zisternen. Sagen wir, ein wildes Tier habe ihn gefressen. Dann werden wir ja sehen, was aus seinen Träumen wird. Als Josef bei seinen Brüdern angekommen war, zogen sie ihm sein Gewand aus, den Ärmelrock, den er anhatte, packten ihn und warfen ihn in die Zisterne.

Genesis 37,18-20.23-24

Nichts dazugelernt

Eine fromme Frau hat sich vorgenommen, jeden Tag eine Geschichte aus der Bibel zu lesen. Als sie zu der Geschichte kommt, wo die Brüder Josef seines Rockes berauben und ihn in einen Brunnen werfen, wird sie von Mitleid erfüllt: „Du arme, mutterlose Waise, ach, wie schlecht sind doch deine Brüder zu dir."
Nachdem sie die Bibel einmal komplett durchgelesen hat, beginnt sie wieder von vorn. Als sie nun jedoch an dieselbe Bibelstelle kommt, fühlt sie kein Mitleid, sondern Zorn: „Das geschieht dir recht. Du verdienst kein Erbarmen! Jetzt hast du doch gewusst, wie deine Brüder sind, und trotzdem gehst du zu ihnen."

Da sagte Esau: Hat man ihn nicht Jakob (Betrüger) genannt? Er hat mich jetzt schon zweimal betrogen: Mein Erstgeburtsrecht hat er mir genommen, jetzt nimmt er mir auch noch den Segen.

Genesis 27,36

Der Ton macht die Musik

In Leipzig lehrte der evangelisch-lutherische Theologieprofessor Friedrich August Kahnis (1814–1888), ein waschechter Sachse, mit dem ab und an seine sächsische Aussprache durchging. So sagte er einmal während einer Vorlesung: „Meine Herrn, auch Jagob war eine diebische Berseenlischgeid." Die Studenten scharrten mit den Füßen. Da wiederholte der Professor verwundert den Satz, was noch heftigeres Scharren zur Folge hatte. Da griff Kahnis zur Kreide und schrieb: „typische Persönlichkeit".

DAS BUCH EXODUS

Der ganze Berg bebte gewaltig, und der Hörner-
schall wurde immer lauter. Mose redete, und Gott
antwortete im Donner.
Exodus 19,18-19

Gott als Lückenbüßer

Der evangelische Theologe Dr. Johann Friedrich
Bahrdt (1713–1775) blieb bei seinem ersten Kanzel-
auftritt in Leipzig in seiner Predigt stecken. Ein
schweres Gewitter war ausgebrochen, und mitten in
seinem Vortrag krachte ein fürchterlicher Donner-
schlag. Da verließ ihn plötzlich sein Gedächtnis, aber
nicht seine Geistesgegenwart.
Gelassen und voll amtlicher Würde schlug er die Bibel
zu und verließ die Kanzel mit den Worten: „Wenn
Gott vom Himmel spricht, da geziemt es sich für den
Menschen zu schweigen."

DAS BUCH LEVITIKUS

Wenn jemand einen Stammesgenossen verletzt, soll man ihm antun, was er getan hat: Bruch um Bruch, Auge um Auge, Zahn um Zahn. Der Schaden, den er einem Menschen zugefügt hat, soll ihm zugefügt werden.

Levitikus 24,19-20

Ausgleichende Gerechtigkeit

Ein dänischer Pfarrer, Joachim Bragge, hatte während des Schwedenfeldzugs im Dreißigjährigen Krieg (1618–1648) immer wieder Besuch von feindlichen Soldaten. Er tat alles, den nicht sehr bescheidenen Gästen aufzuwarten. Zum Dank für alle Gastlichkeit stahlen ihm die schwedischen Offiziere sein silbernes Besteck.

Nach einiger Zeit kam der schwedische König Gustav II. Adolf selbst in sein Haus. Bragge sprach kein Wort über das üble Benehmen der Soldaten. Nach dem Essen aber steckte sich der Pfarrer in aller Ruhe die silbernen Löffel, Messer und Becher der königlichen Tafel in seinen weiten Rock.

Als der König fragte, was das solle, gab der Geistliche zur Antwort: „Ich müsste mich doch sehr irren und täuschen, wenn das nicht bei schwedischer Herrschaft allgemeine Sitte wäre, so zu verfahren, zumindest taten alle schwedischen Offiziere Ihrer Majestät das Nämliche in meinem Hause."

Zwar stieg dem König der Ärger auf, als er begriffen hatte, worum es ging, dann aber lächelte er – und mit königlicher Großzügigkeit ersetzte er dem mutigen Pfarrer dessen Verlust.

DAS BUCH DEUTERONOMIUM

Die zehn Gebote
Deuteronomium 5 (und Exodus 20)

Laienarbeit
Die Zehn Gebote sind deshalb so kurz und verständlich, weil sie ohne Mitwirkung einer Expertenkommission entstanden sind.

CHARLES DE GAULLE

Grund- und Zusatzgebote
Neben den Zehn Geboten und dem Grundgebot der Gottes- und Nächstenliebe haben sich noch die folgenden Anweisungen unter den Humor(chr)isten erhalten:

11. Gebot: Du sollst dich nicht erwischen lassen!
12. Gebot: Du sollst die Lästigen ertragen!
13. Gebot: Sei nicht abergläubisch!

Dazu die folgende Geschichte: Ein Pfarrer besucht seinen Amtsbruder. Als er in dessen Wohnzimmer tritt, bemerkt er ein Hufeisen über dem Eingang: „Aber, das darf doch nicht wahr sein? – Du glaubst doch nicht an einen solchen Unsinn?"

„Natürlich nicht", gibt der Mitbruder zurück, „aber ich habe mir sagen lassen, dass es auch hilft, wenn man nicht daran glaubt!"

Und noch ein Gebot!

Ein Erweckungsprediger in den USA meinte einmal, dass für manche Leute noch ein zusätzliches Gebot zu gelten scheine: „Du sollst am Sonntag möglichst zerknirscht aussehen."

Er fügte hinzu: „Ich muss zugeben, dass ich die Leute im Gottesdienst lieber lachen höre als schlafen sehe!"

DAS BUCH JOSUA

Über dieses Gesetzbuch sollst du immer reden und Tag und Nacht darüber nachsinnen, damit du darauf achtest, genau so zu handeln, wie darin geschrieben steht. Dann wirst du auf deinem Weg Glück und Erfolg haben.

Josua 1,8

In der Ruhe liegt die Kraft

Eine Nachbarin zur andern: „Mein Sohn meditiert neuerdings. Ich weiß zwar nicht, was das ist, aber es ist auf alle Fälle besser als früher, wo er nur rumsaß, ohne was zu tun."

DAS ZWEITE BUCH SAMUEL

David und das ganze Haus Israel tanzten und sangen vor dem Herrn mit ganzer Hingabe und spielten auf Zithern, Harfen und Pauken, mit Rasseln und Zimbeln.

2 Samuel 6,5

Fragwürdige Begabungen

Der große deutsche Dichter Friedrich Schiller (1759–1805) spielte als junger Mann Harfe. Seinem Zimmernachbarn gefiel diese Musik gar nicht. So bemerkte dieser ihm gegenüber: „Herr Schiller, Sie spielen wie David – nur nicht so gut."

Schiller erwiderte: „Sie sprechen wie Salomo – nur nicht so weise."

DAS ERSTE BUCH DER KÖNIGE

Ahab legte sich auf sein Bett, wandte das Gesicht zur Wand und wollte nicht essen. Seine Frau Isebel kam zu ihm herein und fragte: Warum bist du missmutig und willst nicht essen?

1 Könige 21,4-5

Kochkünste

Das ist ein gemarterter Mann, dessen Weib nichts weiß von der Küche. Es ist das erste Übel, woraus sehr viele folgen.

MARTIN LUTHER

DAS ZWEITE BUCH DER KÖNIGE

Er sandte nun den Hauptmann über Fünfzig und seine Leute zu ihm. Dieser stieg zu Elija hinauf, der auf dem Gipfel des Berges saß, und rief ihm zu: Mann Gottes, der König befiehlt dir herabzukommen.

2 Könige 1,9

Noch immer nicht befördert?

Ein alter General zur Kaiserzeit ließ sich allabendlich aus der Bibel vorlesen. Im Buch der Könige gab es eine Geschichte, die er von Kind an kannte. Als aber obiger Satz zitiert wurde, stoppte er: „Wie? Der Mann ist immer noch Hauptmann? Das war er doch schon, als ich noch Kind war!"

DAS ERSTE BUCH DER CHRONIK

Gepriesen bist du, Herr, Gott unseres Vaters Israel, von Ewigkeit zu Ewigkeit.

1 Chronik 29,10b

Ewige Weisheiten

Die Ewigkeit dauert lange,
besonders gegen Ende.

WOODY ALLEN

Bibelleser wissen mehr. Sie haben die Hand am Puls von Zeit und Ewigkeit.

PETER HAHNE

Wer nicht jeden Tag die Bibel und die Zeitung liest, weiß weder über die Welt Bescheid noch über das, was die Welt braucht.

JOHANNES RAU

DAS BUCH TOBIT

Der junge Tobias tat, was ihm der Engel sagte.
Tobit 6,5

Gesunder Schlaf

Ein neugeweihter Bischof beklagte sich in einer Privataudienz, dass die Verantwortung seines neuen Amtes ihn nicht mehr schlafen lasse.

„Oh!", sagte Johannes XXIII. in mitleidsvollem Ton: „Mir ging es in den ersten Wochen meines Pontifikats genauso, aber dann sah ich einmal in einem Wachtraum meinen Schutzengel, der mir zuraunte: ‚Johannes, nimm dich nicht so wichtig.' Seitdem schlafe ich wieder."

DAS BUCH JUDIT

Alle ... warfen sich vor dem Tempel nieder, streuten sich vor dem Herrn Asche auf das Haupt und legten Bußgewänder an.

Judit 4,11

Asche aufs Haupt

Ein Pfarrer, der schwer an der Gicht litt, bat seinen Küster, den Gläubigen statt seiner das Aschenkreuz am Aschermittwoch zu spenden. Nachdem er diesem nun ganz genau erklärt hatte, wie das Schälchen mit Asche zu halten sei, wie das Kreuzzeichen auf die Stirn aufzumalen sei und welcher Spruch dazu gesagt werden muss, fragte der etwas vergessliche Küster nochmals nach: „Was muss ich dabei sagen?"
„Gedenke, Mensch, dass du Staub bist und zum Staub zurückkehrst", antwortete ihm der Pfarrer.
Der Küster versuchte die ganze Nacht, sich die Worte zu memorieren. Zur Sicherheit passte er den Pfarrer in der Frühmesse ab, um ihn nochmals zu befragen. Bei dem Gestammel, das der Küster hervorbrachte, musste der Pfarrer trotz seiner Gichtbeschwerden

herzlich lachen: „Es ist wahr: Du bist ein Narr und
wirst ein Narr bleiben!"

„Jetzt hab ich's verstanden", gab der Messner zur Antwort.

Der Aschermittwochgottesdienst kam, und das Kir-
chenvolk riss die Augen weit auf, als es die Worte
hörte, die der Hilfspfarrer in feierlichem Ton verkün-
dete: „Es ist wahr: Du bist ein Narr und wirst ein
Narr bleiben!"

DAS BUCH ESTER

In jeder Provinz und in jeder Stadt, überall, wo der Erlass des Königs und sein Befehl bekannt wurde, jauchzten die Juden vor Freude, sie aßen und tranken und ließen es sich an diesem Tag gut gehen.
Ester 8,17

Gut genährt

Vor seiner Wahl zum Papst Johannes XXIII. war Angelo Giuseppe Roncalli (1881–1963) Patriarch von Venedig gewesen.

Eines Tages besuchte ihn der Oberbürgermeister der Lagunenstadt. Während des Gesprächs klagte dieser: „Die Lage meiner Stadt wird immer problematischer. Venedig versinkt langsam, aber unaufhaltsam im Meer."

„Wie noch immer?", erwiderte der Papst und sah auf seine Leibesfülle. „Obwohl Wir jetzt weg sind?"

Die Juden in Susa aber versammelten sich am Dreizehnten und Vierzehnten des Monats; bei ihnen war am Fünfzehnten wieder Ruhe, und sie feierten ihn als Festtag mit Essen und Trinken.

Ester 9,18

Fortschrittlich

Drei Gemeindereferenten unterhalten sich, welche ihrer Gemeinden denn wohl den liberalsten Pfarrer hat.

Munter prahlt der erste drauflos: „Unser Pfarrer verwendet im Winter statt Messwein Glühwein!" Der zweite: „Das ist doch gar nichts! Unser bietet Tanzkurse um den Altar an." Darauf meint der dritte: „Vergesst das alles! Unser Pfarrer hängt an Weihnachten ein Schild an die Kirchentür: Wegen der Feiertage geschlossen!"

DAS ERSTE BUCH DER MAKKABÄER

Danach schrieb Antiochus der Jüngere an Jonatan:
Ich bestätige dich im Hohenpriesteramt und unter-
stelle dir die vier Bezirke. Du darfst auch den Titel
„Freund des Königs" führen.

1 Makkabäer 11,57

Titulierungen

Paul VI. (1897–1978) verzichtete auf traditionelle
päpstliche Statussymbole wie Baldachin, Pfauenwedel,
Thronassistenten und Nobelgarde. Im Jahr 1964, nur
ein Jahr nach seiner Wahl zum Papst, legte er die Tiara
ab.

Die Redaktion des „L'Osservatore Romano" (italienisch
für „Der römische Beobachter"), die offizielle Zeitung
des Heiligen Stuhls, konnte er jedoch nur stufenweise,
mit immer neuen Bitten zu einem nüchterneren Stil
führen. So wurden zum Beispiel die offiziellen Mittei-
lungen des Heiligen Stuhls im Osservatore immer ein-
geleitet mit der Formel „Die Heiligkeit Unseres Herrn
hat sich gütigst herabgelassen …"

Vier Jahre dauerte Montinis Feldzug gegen diese Floskel. Im ersten Jahr wurde „Die Heiligkeit Unseres Herrn" durch „Seine Heiligkeit der Papst" ersetzt, der Rest blieb. Im zweiten Jahr wurde „gütigst" gestrichen, die Herablassung blieb. Im dritten Jahr ließ sich der Papst auch nicht mehr herab.

Im vierten Jahr endlich hat sich der Osservatore dazu durchgerungen, der päpstlichen Anweisung ganz Folge zu leisten und schlicht zu schreiben: „Der Heilige Vater hat …"

DAS BUCH IJOB

Wolken umhüllen ihn, so dass er nicht sieht, am Himmelskreis geht er einher.

Ijob 22,14

Kindermund

Fritzchen fliegt zum ersten Mal in seinem Leben. Als das Flugzeug über den Wolken ist, fragt er plötzlich: „Mutti, weiß der liebe Gott eigentlich, dass wir kommen?"

Engelisches Leid

Ein Engel sagt erleichtert zum anderen: „Bin ich froh, dass das schöne Wetter vorbei ist und große Wolken aufziehen. Endlich können wir uns wieder hinsetzen."

DAS BUCH DER PSALMEN

Sein Mund ist voll Fluch und Trug
und Gewalttat;
auf seiner Zunge
sind Verderben und Unheil.

Psalm 10,7

Die Giftspritze

Ein Pariser Abbé hatte eine böse und spitze Zunge.
Eines Tages ging das Gerücht um, er sei an einer
schweren Vergiftung erkrankt.

„Ich weiß schon Bescheid", ließ sich ein jüngerer Mitbruder vernehmen, „er hat sich auf die Zunge gebis-
sen!"

Gut und gerecht ist der Herr,
darum weist er die Irrenden
auf den rechten Weg.

Psalm 25,8

Schlagfertig

Beim Empfang im Pariser Elysée-Palast wollte es der
Zufall, dass Nuntius Roncalli links vom sowjetischen
Botschafter zu stehen kam. Dieser raunte ihm mit
unverhohlener Schadenfreude zu: „Wie denn, der
Vatikan steht jetzt links?" Schnell, mit gespitzten Lip-
pen und einem breiten Lächeln am Ende antwortete
der Nuntius: „Ja, mich hat man hier links eingeteilt,
damit ich euch alle nach rechts, auf den rechten Weg,
hinüberziehe."

Meide das Böse und tu das Gute; suche Frieden und jage ihm nach!
Psalm 34,15

Klarstellungen
Das Gute,
dieser Satz steht fest,
ist stets das Böse,
das man lässt.
WILHELM BUSCH

Das Gegenteil von gut ist nicht böse,
sondern gut gemeint.
VOLKSWEISHEIT

Dein ist der Tag, dein auch die Nacht,
hingestellt hast du Sonne und Mond.
Psalm 74,16

Sternstunde

Ein Student hat Prüfung im Fach Astronomie. Der
Professor beginnt mit einer einfachen Frage: „Wie finden Sie die Umlaufzeiten der Planeten?"
Darauf der Student: „Grandios! Einfach grandios!"

Wohl den Menschen, die Kraft finden in dir,
wenn sie sich zur Wallfahrt rüsten.
Psalm 84,6

Hilfsbereit

Familie Meyer möchte an der Familienwallfahrt teil-
nehmen. Doch zuerst gilt es einmal, den Pilgerbus
noch pünktlich zu erreichen. Während Mutter, Sohn
und Töchterchen bereits fertig angezogen warten,
sucht der Vater immer noch Gesangbuch, Fotoapparat
und Handy zusammen.

Die Zeit drängt, und als der Vater endlich im Flur
erscheint, um sich anzuziehen, reicht ihm die kleine
Maja die Schuhe mit den Worten: „Papi, hier sind
deine Schuhe, und ich habe sie schon zugebunden,
weil es doch so pressiert."

Auch spendet der Herr dann Segen,
und unser Land gibt seinen Ertrag.
Psalm 85,13

Segn-d-ung!

Bei der Flurprozession kommt der Pfarrer mit dem Weihwasserwedel an einem kümmerlichen Acker vorbei.

„Da dürfn's einen recht scharfen Segen drüber sprechen, das is der Acker vom Volmer Bauern!", flüsterte ihm der Küster zu.

„Segen? Da gehört Mist drauf!", brummt der Geistliche.

Halleluja! Gut ist es, userm Gott zu singen;
schön ist es, ihn zu loben.
Psalm 147,1

Osterfreude

Die kleine Julia darf zum erstem Mal zur Feier der
Osternacht mitkommen. Nach der Messe fragen die
Eltern: „Na, Julia, was hat dir in dieser feierlichen
Messe am besten gefallen?"
Darauf Julia ganz begeistert: „Wie alle gesungen
haben: ‚Hallo Julia!'"

Hört, hört

Beim Kirchentag stand an einer Messehalle als Grafit-
to geschrieben: „Jesus spricht auf dem Kirchentag zu
uns."
Ein anderer hatte daruntergeschrieben: „In welcher
Halle?"
Ein Dritter fügte hinzu: „Halleluja!"

DAS BUCH DER SPRICHWÖRTER

Ein fröhliches Herz macht das Gesicht heiter,
Kummer im Herzen bedrückt das Gemüt.
Sprichwörter 15,13

Erbauliches – Verdauliches
Schenke mir eine gute Verdauung, Herr,
und auch etwas zum Verdauen.
Schenke mir Gesundheit des Leibes,
mit dem nötigen Sinn dafür,
ihn möglichst gut zu erhalten.
Schenke mir eine heilige Seele, Herr,
die das im Auge behält, was gut ist und rein,
damit sie im Anblick der Sünde nicht erschrecke,
sondern das Mittel finde,
die Dinge wieder in Ordnung zu bringen.
Schenke mir eine Seele,
der die Langeweile fremd ist,
die kein Murren kennt
und keine Seufzer und Klagen,

und lass nicht zu, dass ich mir allzu viele Sorgen
mache um dieses sich breitmachende Etwas,
das sich „Ich" nennt.
Herr, schenke mir Sinn für Humor.
Gib mir die Gnade, einen Scherz zu verstehen,
damit ich ein wenig Glück kenne im Leben –
und anderen davon mitteile. Amen.

THOMAS MORUS

DAS BUCH KOHELET

Denn selbst wenn ein Mensch viele Jahre zu leben hat, freue er sich in dieser ganzen Zeit, und er denke zugleich an die dunklen Tage: Auch sie werden viele sein. Alles, was kommt, ist Windhauch.

Kohelet 11,8

So isses

Der Augustinerpater und Schriftsteller Abraham a Santa Clara (1644–1709) schrieb einmal:

Ja, glaubt mir, meine lieben Brüder,
ein leerer Traum ist unsers Lebens Lauf,
gesund und frisch legt ihr euch abends nieder,
und mausetot steht ihr am Morgen auf.

DAS BUCH DER WEISHEIT

Strahlend und unvergänglich ist die Weisheit; wer
sie liebt, erblickt sie schnell, und wer sie sucht, findet sie.
Weisheit 6,12

Erkenntnis
Gar mancher kommt trotz vielem Lesen
mit dem Verständnis in die Brüche.
Wohl hat er die Sprüche der Weisheit gelesen,
doch nicht verstanden die Weisheit der Sprüche.
FRIEDRICH BODENSTEDT

... Keine Wiese bleibe unberührt von unserem ausgelassenen Treiben.
Weisheit 2,9

Philanthropisch

Ein nervöser Mensch auf einer Wiese
Wäre besser ohne sie dran;
Darum seh er, wie er ohne diese
(meistens mindestens) leben kann.
Kaum, dass er gelegt sich auf die Gräser,
Naht der Ameis, Heuschreck, Mück und Wurm,
Naht der Tausendfuß und Ohrenbläser,
Und die Hummel bläst zum Sturm.

Ein nervöser Mensch auf einer Wiese
Tut drum besser, wieder aufzustehn
Und dafür in andre Paradiese
(beispielshalber: weg) zu gehn.

CHRISTIAN MORGENSTERN

Du hast die Feinde deiner Kinder, auch wenn sie den Tod verdienten, sehr nachsichtig und nur nach und nach gestraft und ihnen Zeit und Möglichkeit gegeben, sich von ihrer Schlechtigkeit abzuwenden.

Weisheit 12,20

Lieber alles!

O Gott, du weißt am besten, was uns frommt,
und gut ist alles, was von deiner Güte kommt.
Allein, die Menschen sind so schwach,
sieh ihnen lieber alles nach!

FRIEDERIKE KEMPNER

DAS BUCH JESUS SIRACH

Mit einem Unvernünftigen mach nicht viele Worte, und geh nicht mit einem Schwein! Hüte dich vor ihm, damit du dich nicht zu ärgern brauchst und nicht besudelt wirst, wenn es sich schüttelt. Geh ihm aus dem Weg, und du wirst Ruhe finden und keinen Verdruss haben mit seinem Unverstand.

Jesus Sirach 22,13

Nur eine Annahme

Ein bayerischer Bauer hatte einen reich angepflanzten Garten. Eines Tages brach das Schwein seines Nachbarn durch den Gartenzaun und wühlte viele Pflanzen um. Der Bauer lauerte dem Tier auf, und als es wieder kam, schlug er ihm mit einer Axt so kräftig auf die Schnauze, dass das Schwein sofort tot umfiel.
Der erboste Nachbar verklagte den Saumörder vor dem Landesherren. Als der ihn fragte, warum er das Schwein totgeschlagen habe, antwortete der Bauer, dass es ihm großen Schaden getan und all seinen Kohl verwüstet habe.

Um den Vorgang so anschaulich zu machen wie möglich, erklärte der Beschuldigte: „Angenommen, dieser Saal wäre mein Garten, und diese Wand der Zaun und die Tür das Loch und Euer Fürstlichen Gnaden die Sau. Ich stand also hier hinter der Tür, und als Ihr durch das Loch hereingebrochen seid, so schlug ich Euch auf Eueren Diebsrüssel, dass Ihr davon gestorben seid. Genau so hat sich alles zugetragen."

SCHWANK AUS DEM 17. JH.

Wein und Bier erfreuen das Herz, doch mehr als beide die Freundesliebe.
Jesus Sirach 40,20

Bier her oder ich fall um!

Der deutsche Schriftsteller Jean Paul (1763–1825) schrieb in einem Brief:

In Weimar besonders in der Kälte fühlt' ich, was ich Ihrem Bier verdankte. Dieser harte Winter hätte aus den Narben [...] die tiefsten Wunden gemacht [...] – wäre nicht Ihr Bier gewesen, meine Lethe, mein Piktolusfluss (wie wohl er mir Gold mehr weg- als zuführt), mein Nil, meine letzte Ölung, mein Weihwasser u. dgl.

Kurz mit Freuden vernahm ich, dass Sie schon wieder ein Fässlein – Gott gebe, ein Fass – reisefertig haben. Es reise bald!

DAS BUCH JESAJA

Der Herr der Heere wird auf diesem Berg für alle Völker ein Festmahl geben mit den feinsten Speisen, ein Gelage mit erlesenen Weinen, mit den besten und feinsten Speisen, mit besten, erlesenen Weinen.

Jesaja 25,6

Alles zu seiner Zeit

Teresa von Ávila (1515–1582), die einen jüdischen Großvater gehabt haben soll, überwand alle Widerstände mit Humor. Sie besaß die Fähigkeit zu mystischer Versenkung und weltabgewandter Kontemplation, trat aber aktiv und resolut im weltlichen Leben auf und war fröhlich und humorvoll. Als sie während eines Klosterbesuchs mit sichtlichem Appetit ihr Leibgericht verspeiste, machte eine Dienstmagd eine abfällige Bemerkung, worauf sie barsch erwiderte: „Merke dir: Wenn Rebhuhn, dann Rebhuhn, wenn Buße, dann Buße."

Auf den kahlen Hügeln lasse ich Ströme hervorbrechen und Quellen inmitten der Täler. Ich mache die Wüste zum Teich und das ausgetrocknete Land zur Oase.

Jesaja 41,18

Wüstes!

Ein Theologiestudent in der Prüfung, vor ihm eine Handvoll strengblickender Professoren, nichts fällt ihm auf die gestellten Fragen ein. „In meinem Kopf ist es wie in einer Wüste!", stöhnt er endlich.

„Na", gibt aufmunternd ein Professor von sich, „eine kleine Oase wird doch dasein!"

„Das schon, Herr Professor, nur, ob die Kamele sie finden werden?!"

DAS BUCH JEREMIA

Weshalb sollte ich dir vergeben? Deine Söhne haben mich verlassen und bei Nichtgöttern geschworen. Ich machte sie satt, doch sie trieben Ehebruch und waren zu Gast im Dirnenhaus.

Jeremia 5,7

Also, was ist jetzt - Ja oder Ja?

„Ich will dir vergeben, aber vergessen kann ich dir das nie!"

„Bei mir ist das gerade umgekehrt, ich kann dir vorschlagen, es zu vergessen, aber vergeben ist es nicht!"

Lässt er seine Stimme ertönen, dann rauschen die Wasser am Himmel. Wolken führt er herauf vom Rand der Erde; er lässt es blitzen und regnen, aus seinen Kammern entsendet er den Wind.

Jeremia 10,13

Schirmherr

Trotz strömendem Regen hatten sich am ersten Weihnachtsfeiertag Zehntausende Menschen auf dem Petersplatz versammelt. Am Schluss seiner Ansprache rief Papst Johannes Paul II. (1920–2005) den tapfer im Regen Ausharrenden zu: „Ich grüße alle Menschen – und alle Regenschirme!"

DAS BUCH BARUCH

Herr, Allmächtiger, Gott Israels! Eine Seele in
Ängsten, ein Geist voll Kummer schreit zu dir.
Höre, Herr, erbarme dich, da wir gegen dich gesün-
digt haben.
Baruch 3,1-2

Macht der Gewohnheit
Ein bekannter Theologieprofessor muss sein Diktat
unterbrechen, denn in der Hauskapelle warten die
Ordensschwestern auf die sonntagnachmittägliche
Andacht.
Als er dann vor dem Altar kniet und zu beten
beginnt, geht bald ein Schmunzeln durch die Reihen.
Es hört sich nämlich so an: „Allmächtiger Komma
ewiger Gott Semikolon, Herr Komma himmlischer
Vater Ausrufezeichen. Sieh an mit den Augen deiner
Barmherzigkeit den Jammer der Menschen Komma
ihr Elend und ihre Not Punkt."

DAS BUCH EZECHIEL

Jedes Lebewesen ging in die Richtung, in die eines seiner Gesichter wies. Sie gingen, wohin der Geist sie trieb, und änderten beim Gehen ihre Richtung nicht.

Ezechiel 1,12

Elende Motette über eheliche Konflikte

Der Prophet Ezechiel hat einen Wagen gesehen, an den ein Ochse und ein Löwe nebeneinander gespannt waren; ungleiche Tiere sind die gewesen. Die Eheleute werden auch an ein Joch gespannt, daher sie Conjuges, „zusammengejochte", genannt werden, aber gar oft sind sie auch ungleich. Deswegen hört man manchmal diese elende Motette in lauter la-ri-fa-ri:

Will er sauer, so will ich süß,
Will er Mehl, so will ich Grieß,
Schreit er Hu, so schrei ich Ha,
Ist er dort, so bin ich da,
Will er essen, so will ich fasten,
Will er gehn, so will ich rasten,

Will er recht, so will ich link,
Sagt er Spatz, so sag ich Fink,
Isst er Suppen, so ess ich Brocken,
Will er Strumpf, so will ich Socken,
Sagt er Ja, so sag ich Nein,
Sauft er Bier, so trink ich Wein,
Will er dies, so will ich das,
Singt er den Alt, so ich den Bass,
Steht er auf, so sitz ich nieder,
Schlägt er mich, so kratz ich wieder,
Will er hüst! so will ich hott!
Das ist ein Leben, erbarm es Gott!
Abraham a Sancta Clara

Am fünften Tag des Monats – es war im fünften Jahr nach der Verschleppung des Königs Jojachin – erging das Wort des Herrn an Ezechiel, den Sohn Busis, den Priester, im Land der Chaldäer, am Fluß Kebar. Dort kam die Hand des Herrn über ihn.

Ezechiel 1,2-3

Gänsekiel – Hesekiel?

Johannes Hesekiel (1835–1918) war von 1866 bis 1910 Generalsuperintendent von Posen. Als er auf einer Reise den Stadtpfarrer von Halle besuchen wollte, bat er die Hausgehilfin, ihn anzumelden: „Mein Name ist Hesekiel!"

Die junge Frau lief zu ihrem Pfarrer und rief: „Herr Pfarrer, da draußen steht ein Irrer, der behauptet, er sei der Prophet Hesekiel!"

Ihr seid meine Schafe, ihr seid die Herde meiner Weide.

Ezechiel 34,31

Angepflockt vom Her(r)-der-Ringe

Als Johann Gottfried Herder auf seiner Italienreise war, fragte ihn der Abt eines dortigen Klosters, wie er denn die ihm anvertraute Herde so lange alleine lassen könne.

Darauf meinte Herder: „Ach, in Deutschland haben wir zum Glück längst die Stallfütterung eingeführt."

DAS BUCH JOEL

Auch jetzt noch – Spruch des Herrn: Kehrt um zu mir von ganzem Herzen mit Fasten, Weinen und Klagen.

Joel 2,12

Christliche Askese

Dem Exerzitienmeister kommt zu Ohren, dass einer seiner Ordensbrüder schon seit drei Tagen nichts mehr gegessen hat. Er geht zu ihm, um ihn nach den Gründen für sein Fasten zu fragen.

„Ich versuche, gegen mein schwaches Ich zu kämpfen,", antwortet der Mönch.

„Das ist schwierig", sagt der Exerzitienmeister und schüttelt den Kopf. „Und es muss noch schwieriger sein mit leerem Magen."

DAS BUCH AMOS

Darum schweigt in dieser Zeit, wer klug ist; denn
es ist eine böse Zeit.

Amos 5,13

Von Vorteil

Der Vorteil der Klugheit besteht darin,
dass man sich dumm stellen kann.
Das Gegenteil ist schon schwieriger.

KURT TUCHOLSKY

DAS BUCH JONA

Aber der Herr ließ auf dem Meer einen heftigen Wind losbrechen; es entstand ein gewaltiger Seesturm, und das Schiff drohte auseinanderzubrechen.

Jona 1,4

Meer – Glauben!

Als ein frommer Pastor in Riga zu einer Segelfahrt eingeladen wurde, lehnte dieser ab. Als man ihn fragte, warum er nicht möchte, sagte er bloß: „Ach wissen Sie, so im Segelboot über nichts als Wasser – da ist man doch allzusehr in Gottes Hand."

DAS BUCH MICHA

Würde einer sich nach dem Wind drehen und dir vorlügen: Ich prophezeie dir Wein und Bier!, das wäre ein Prophet für dieses Volk.

Micha 2,11

Feucht und fröhlich
Die fünf Ursachen

Man kann, wenn wir es überlegen,
Wein trinken fünf Ursachen wegen:
Einmal um eines Festtages willen,
Sodann vorhandenen Durst zu stillen,
Ingleichen künftigen abzuwehren,
Ferner dem guten Wein zu Ehren,
Und endlich um jeder Ursach willen.

FRIEDRICH RÜCKERT

DAS BUCH SACHARJA

Juble laut, Tochter Zion! Jauchze, Tochter Jerusalem! Siehe, dein König kommt zu dir. Er ist gerecht und hilft; er ist demütig und reitet auf einem Esel, auf einem Fohlen, dem Jungen einer Eselin.

Sacharja 9,9

Engpass

Der protestantische Theologe Friedrich Schleiermacher (1768–1834) liebte es, früh einen Ausritt durch den Berliner Tiergarten zu unternehmen. Zwei Beamte, die ihm eines Morgens entgegenkamen, spotteten: „Sieh da, ein Gottesmann hoch zu Ross, wogegen Jesus nur auf einem Esel in Jerusalem eingezogen ist." Schleiermacher gab darauf zurück: „Solche Bescheidenheit ist heute unmöglich, weil alle Esel im Staatsdienst beschäftigt sind."

DAS BUCH MALEACHI

W enn ich der Herr bin – wo bleibt dann die Furcht vor mir?

Maleachi 1,6c

Mein Gott!

General de Gaulle war als äußerst arrogant und anmaßend bekannt. Als er einmal aus Unbedachtsamkeit eine teure Vase im Boudoir seiner Gattin umstieß und diese zerbrach, rief seine Frau erregt aus: „Mon Dieu!!!"

„Du kannst doch ruhig Charles zu mir sagen, Liebling!"

DAS
NEUE
TESTAMENT

Da freut sich Gott

Professor Ernst Troeltsch (1865–1923), ein bekannter evangelischer Theologe, hatte an der Universität einen Kollegen aus einer anderen Fakultät, der in großer Überheblichkeit auf die Theologie und ihre Vertreter herabzublicken pflegte.

Dieser sagte eines Tages ganz überraschend: „Kürzlich habe ich im Neuen Testament gelesen. Da steht ja doch manch Beachtenswertes drin, muss ich schon sagen."

Troeltsch strahlte und rief aus: „Nein, da wird sich der liebe Gott aber freuen, Herr Kollege."

DAS EVANGELIUM NACH MATTHÄUS

Die Sterndeuter aus dem Osten gingen in das Haus und sahen das Kind und Maria, seine Mutter; da fielen sie nieder und huldigten ihm. Dann holten sie ihre Schätze hervor und brachten ihm Gold, Weihrauch und Myrrhe als Gaben dar.

Matthäus 2,11

Kinderaufsatz

Julian schrieb in einem Aufsatz zum Dreikönigsfest: „Die Heiligen drei Könige fanden das Kind mit seiner Mutter Maria, sie knieten vor ihm nieder und bettelten es an. Und sie schenkten ihm Gold, Weihrauch und Möhren."

Zu dieser Zeit kam Jesus von Galiläa an den Jordan zu Johannes, um sich von ihm taufen zu lassen.
Matthäus 3,13

Feiner Unterschied

Die Seiltänzerfamilie Garissino lässt ihr jüngstes Kind taufen. Bei den Fürbitten spricht der Pfarrer: „Und möge Gott immer schützend seine Hand über ihn halten."
Der Vater unterbricht: „Herr Pfarrer, es wäre besser, Gott hielte seine Hand darunter."

So sollt ihr beten: Unser Vater im Himmel, dein Name werde geheiligt, dein Reich komme, dein Wille geschehe (Lat. fiat voluntas tua) wie im Himmel, so auf der Erde. Gib uns heute das Brot, das wir brauchen. Und erlass uns unsere Schulden, wie auch wir sie unseren Schuldnern erlassen haben. Und führe uns nicht in Versuchung, sondern rette uns vor dem Bösen.

Matthäus 6,9-13

Fürbittgebet besonderer Art

Die Mätresse eines protestantischen Landesfürsten hatte großen Einfluss erlangt und drängte darauf, dass in allen Gottesdiensten ihrer fürbittend gedacht werde. Die meisten Pfarrer lehnten das ab. Der Hofprediger, der es ihr schwerlich abschlagen konnte, gab auf ihr Ansinnen hin zur Antwort, dass dies doch schon lange geschehe! „Wie das?", fragte die stolze Frau. „Nun, wir beten in jedem Gottesdienst: ‚Und erlöse uns von dem Übel!'"

Ford mit Fiat im Pater Noster

Da früher das Vaterunser oft noch in Latein gebetet wurde, ärgerte es Mr. Ford jedes Mal, wenn seine Konkurrenz Fiat öffentlich genannt wurde. Er bemühte sich um eine Audienz beim Papst in Rom, wo er diesen bat, doch auch seinen Namen irgendwie ins Vaterunser zu setzen: „Es soll auch nicht nur um Gotteslohn sein!", meinte Ford.

Der Papst lehnte ab, wies ihm sogar die Tür, als Ford 5 Millionen Dollar anbot. Beim Hinausgehen soll Ford noch gefragt haben, was Fiat geboten hätte.

Nun, die Geschichte fand eine ebenso anekdoteske Ford-setzung: Ford kam zwar nicht ins Vaterunser, aber man fand heraus, dass er schon im Alten Testament war: „Doch sie sündigten in einem ‚Ford' und zeigten sich gegen den Höchsten widerspenstig in der Wüste" (Ps 78,17). – Und das umsonst!

Dein Almosen soll verborgen bleiben und dein Vater, der auch das Verborgene sieht, wird es dir vergelten.

Matthäus 6,4

Empfindliche Stelle

Der Pfarrer sitzt an seinem Schreibtisch und zählt die Sonntagskollekte. Wie immer ist der Klingelbeutel nur spärlich gefüllt gewesen.

Betrübt schaut er auf die wenigen Geldstücke und sinniert: „Es stimmt schon: Der empfindlichste Körperteil des Menschen ist sein Portemonnaie."

Steckt nicht Gold, Silber und Kupfermünzen in euren Gürtel.

Matthäus 10,9

Die Zeiten ändern sich

Der italienische Theologe, Philosoph und Kirchenvater Thomas von Aquin (um 1225–1274) trat einmal in die Gemächer des Papstes und sah dort eine größere Menge Goldstücke auf dem Tisch liegen.

„Du siehst", sagte der Papst, „dass die Kirche nicht mehr in dem Zeitalter lebt, wo sie sagte: ‚Ich habe weder Gold noch Silber.'"

„Das ist wohl war, Eure Heiligkeit", entgegnete da Thomas, „aber ebenso wenig kann sie mehr zu dem Lahmen sagen: ‚Steh auf und geh umher!'"

Wie nun das Unkraut aufgesammelt und im Feuer verbrannt wird, so wird es auch am Ende der Welt sein: Der Menschensohn wird seine Engel aussenden und sie werden aus seinem Reich alle zusammenholen, die andere verführt und Gottes Gesetz übertreten haben, und werden sie in den Ofen werfen, in dem das Feuer brennt. Dort werden sie heulen und mit den Zähnen knirschen.

Matthäus 13,40-42

Absicherung

Herrn Krumpel macht sich Sorgen, ob er trotz seines unseligen Lebenswandels eine Chance hat, in den Himmel zu kommen. So lässt der schwerkranke Mann einen Pfarrer rufen und fragt ihn: „Herr Pfarrer, werde ich dem Fegefeuer entgehen, wenn ich der Kirche einen Teil meines bedeutenden Vermögens hinterlasse?"

Darauf der Pfarrer: „Nun, auf einen Versuch käme es an, mitnehmen können Sie es ja schlecht. Es würde doch nur verbrennen."

Ich aber sage dir: Du bist Petrus, und auf diesen Felsen werde ich meine Kirche bauen, und die Mächte der Unterwelt werden sie nicht überwältigen. Ich werde dir die Schlüssel des Himmelreichs geben.
Matthäus 16,18-19a

Was krumm ist, mache gerade!

Im Mittelalter gab es eine Zeit, wo man gern ältere, schon hinfällige Kardinäle zum Papst wählte, damit sie nicht zu lange an der Macht blieben und man besser Politik machen könne.

Kardinal Montalto sah schon sehr hinfällig aus, er ging recht gebückt und sprach oft von seinem bevorstehendend Tod. Da wurde er plötzlich zum Papst gewählt. Nach der Wahl stand er kerzengerade vor den anderen Kardinälen und sah recht gesund und munter aus. Als jemand darüber seine Verwunderung äußerte, meinte Montalto nur: „Nun, lieber Mitbruder, vor der Thronbesteigung gingen Wir gebückt und suchten den Schlüssel Petri auf Erden. Jetzt haben Wir ihn gefunden!"

Und so bestieg Felice Peretti di Montalto (1521–1590), der es vom Sohn eines armen Bauern bis zum Kardinal und Bischof von Fermo in Italien gebracht hatte, 1585 als Sixtus V. den Papstthron.

Der König wurde traurig; aber weil er einen Schwur geleistet hatte noch dazu vor allen Gästen, befahl er, ihr den Kopf zu bringen. Und er ließ Johannes im Gefängnis enthaupten. Man brachte den Kopf auf einer Schale und gab ihn dem Mädchen und sie brachte ihn ihrer Mutter.

Matthäus 14,9-11

Letzter Wunsch

Thomas More (1478–1535) war Lordkanzler unter König Heinrich VIII. Als er dem König, der sich in einer neuen Verfassung zum Oberhaupt der neuen anglikanischen Kirche erklärt hatte, den Treueid verweigerte, wurde er ins Gefängnis geworfen und schließlich wegen Hochverrats zum Tod durch das Fallbeil verurteilt.

Unmittelbar vor seiner Hinrichtung bat More den Scharfrichter: „Warte einen Augenblick, damit ich meinen Bart zur Seite schieben kann, denn der hat schließlich keinen Verrat begangen!"

Da fiel der Diener vor ihm auf die Knie und bat:
Hab Geduld mit mir! Ich werde dir alles zurück-
zahlen.
Matthäus 18,26

Schließ ohne Zögern Frieden mit deinem Gegner,
solange du mit ihm noch auf dem Weg zum Gericht
bist. Sonst wird dich dein Gegner vor den Richter
bringen, und der Richter wird dich dem Gerichtsdiener übergeben, und du wirst ins Gefängnis geworfen. Amen, das sage ich dir: Du kommst von
dort nicht heraus, bis du den letzten Pfennig be-
zahlt hast.
Matthäus 5,25-26

Bibel-Schlagabtausch

Im Jahr 1871 stellt man bei einer großen amerikani-
schen Bank fest, dass ein Angestellter seine Rechnun-
gen überzogen hatte. Man mahnte ihn mit einem entsprechenden förmlichen Schreiben.
Daraufhin sandte der Bankangestellte folgendes Tele-
gramm: „Sehen Sie nach bei Matthäus 18,26."
Worauf sofort als Erwiderung zurücktelegrafiert
wurde: „Sehen Sie nach bei Matthäus 5,25-26."

Da sagten die Jünger zu ihm: Wenn das die Stellung des Mannes in der Ehe ist, dann ist es nicht gut zu heiraten.

Matthäus 19,10

Filmreif

In der Ehe stammen Drehbuch und Regie vom Mann, Dialoge und Ton von der Frau.

FREDERICO FELLINI

Geteiltes Leid ist halbes Leid

Die Ehe ist der Versuch,
zu zweit mit den Problemen fertig zu werden,
die man alleine niemals gehabt hätte.

WOODY ALLEN

Weh euch, ihr Schriftgelehrten und Pharisäer, ihr Heuchler! Ihr errichtet den Propheten Grabstätten und schmückt die Denkmäler der Gerechten und sagt dabei: Wenn wir in den Tagen unserer Väter gelebt hätten, wären wir nicht wie sie am Tod der Propheten schuldig geworden.

Matthäus 23,29-30

Humor auf Grabsteinen

Auf einen Mineralogen
Er suchte Steine durch sein ganzes Leben.
Und suchte nie sich satt.
Hier hat man einen ihm gegeben.
Woran er sein Genüge hat.

Auf einen Zahnarzt
O blick auf diesen Ort mit Ehrfurcht doch.
Ein Zahnarzt füllte hier sein letztes Loch.

Sein Herr sprach zu ihm: Recht so, du guter und treuer Knecht! ... Geh hinein in die Freude deines Herrn.
Matthäus 25,23

Geh ein!

Drei ausgehungerte Geistliche finden unterwegs nur ein einziges Ei. Sie beschließen, dass es dem zufallen soll, der den schönsten Satz über dieses Ei im Evangelium findet.

Der Erste, ein Franziskaner, schlägt dem Ei mit der Gabel die Spitze ab und murmelt: „... danach blickte er zum Himmel auf, seufzte und sagte zu dem Taubstummen: Effata!, das heißt: Öffne dich! Mk 7,34!"

Der Zweite, ein Dominikaner, bestreut das Ei vorsichtig mit Salz und erklärt: „Das Salz ist etwas Gutes. Mk 9,50!"

Der Dritte, ein Jesuit, erklärt mit halb geschlossenen Augen: „Recht so, du guter und treuer Knecht! ... Geh hinein in die Freude deines Herrn. Mt 25,23!" – dabei nimmt er das Ei und verspeist es.

Amen, ich sage euch: Was ihr für einen meiner geringsten Brüder getan habt, das habt ihr mir getan.
Matthäus 25,40

Der Heiland ist da!

Ein um seines Glaubens willen Vertriebener, der in Not war, bat Luther um eine Gabe. Dieser hatte zu der Zeit selber nur einen einzigen Joachimstaler in seiner Kasse, den er lange aufgespart hatte. Aber nach kurzem Bedenken rief er, eingedenk des Wortes Jesu „Was ihr getan habt einem unter diesen meinen geringsten Brüdern, das habt ihr mir getan": „Joachim, heraus, der Heiland ist da!"

Darum geht zu allen Völkern, und macht alle Menschen zu meinen Jüngern; tauft sie auf den Namen des Vaters und des Sohnes und des Heiligen Geistes.

Matthäus 28,19

Bescheidenheit ist eine Zier, doch weiter kommt man ...

Friedrich der Große schrieb auf ein Gesuch eines Pfarrers um Bewilligung eines Zuschusses zu einem Pferd: „Es heißt nicht: reitet in alle Welt, sondern gehet in alle Welt und predigt allen Völkern."

DAS EVANGELIUM NACH MARKUS

Kehrt um, und glaubt an das Evangelium!
Markus 1,14

Sie hörten aufs Wort!

Der Küster einer Gemeinde wollte es besonders gut machen und hängte den obigen Text, der die Jahreslosung war, gleich ans Kirchenportal.
Als der Sonntagsgottesdienst beginnen sollte, war niemand da. – Alle hatten den Spruch gelesen und waren wieder umgekehrt!

Jesus stieg auf einen Berg und rief die zu sich, die er erwählt hatte, und sie kamen zu ihm. Und er setzte zwölf ein, die er bei sich haben und die er dann aussenden wollte, damit sie predigten.

Markus 3,13-14

Jedem seine Methode

Der US-amerikanische Erweckungsprediger Dwight Lyman Moody (1837–1899) war einer der größten Evangelisten des 19. Jahrhunderts. Er baute zahlreiche evangelistische Werke auf und wirkte vornehmlich in Chicago, führte aber zusammen mit dem Sänger Ira David Sankey auch Evangeliumsfeldzüge in anderen Teilen Amerikas und in England durch.
Eines Tages wurde er von einer Frau wegen seiner Art, wie er die Menschen für den Herrn gewann, kritisiert. Moody antwortete: „Ich bin völlig Ihrer Meinung. Ich mag meine Methode auch nicht. Aber sagen Sie mir, wie gewinnen Sie Menschen für den Herrn?"
Die Dame erwiderte irritiert: „Ich gewinne keine Menschen für den Herrn."
Darauf Moody: „Dann mag ich die Art, wie ich es mache, lieber als die Art, wie Sie es nicht machen."

Da sagte Jesus zu ihnen: Ihr werdet den Kelch trinken, den ich trinke, und die Taufe empfangen, mit der ich getauft werde.

Markus 10,39

Taufe – täufen

Ein Baptist und ein evangelischer Pfarrer streiten sich. „Bei uns genügt es, wenn der Täufling mit Wasser auf dem Kopf getauft wird."

„Nein, wir verlangen, dass der ganze Körper ins Wasser getaucht wird", meint der Baptist.

„Aber genügt es nicht, dass der Täufling bis zu den Knien im Wasser steht?", fragt der Pastor nach.

„Nein!" – „Und wenn er bis zum Bauch im Wasser steht, genügt das?"

„Nein!" – „Und bis zum Hals?"

„Nein!" – „Und bis zur Stirn?"

„Nein!" – „Na, also, ich habe doch schon am Anfang gesagt, dass es nur auf den oberen Teil wirklich ankommt!!!"

Als Jesus den Tempel verließ, sagte einer von seinen Jüngern zu ihm: Meister, sieh, was für Steine und was für Bauten!

Markus 13,1

Ar(s)chitektur

Ein Pfarrer, dem das Bauen im Blut lag, wollte einen berühmten sehr avantgardistischen Architekten für den Neubau seiner Pfarrkirche engagieren. Als er den Entwurf des Projektes seinem Bischof vorlegte, gab dieser zur Antwort: „Lieber Mitbruder, wenn die Menschen ein Gotteshaus betreten, dann sollen sie auf die Knie fallen. In Ihrem Fall würde es sie aber glatt auf den Hintern setzen!"

Da es Rüsttag war, der Tag vor dem Sabbat, und es schon Abend wurde, ging Josef von Arimathäa, ein vornehmer Ratsherr, der auch auf das Reich Gottes wartete, zu Pilatus und wagte es, um den Leichnam Jesu zu bitten. Josef kaufte ein Leinentuch, nahm Jesus vom Kreuz, wickelte ihn in das Tuch und legte ihn in ein Grab, das in einen Felsen gehauen war. Dann wälzte er einen Stein vor den Eingang des Grabes.

Markus 15,42-43.46

Erstaunliche Erkenntnis

Ein Archäologe aus dem Jesuitenorden ist an Ausgrabungen in Jerusalem beteiligt. In höchster Aufregung begibt er sich persönlich nach Rom zum Ordensgeneral und teilt ihm mit, dass er soeben das Grab Jesu entdeckt habe.

„Das ist ja großartig! Ein sensationeller Fund!", antwortet der General begeistert.

„Mag sein", dämpft der Archäologe die gute Stimmung. „Das Problem ist nur: Das Grab war nicht leer. Das Skelett Jesu lag darin."

„Was Sie nicht sagen", erwidert der verblüffte General. „Dann hat er ja wirklich gelebt!"

DAS EVANGELIUM NACH LUKAS

So eilten sie hin und fanden Maria und Josef und das Kind, das in der Krippe lag.
Lukas 2,16

Es heißt doch so?!

Lautstark hörten die Eltern ihren bis jetzt einzigen Sohn am Weihnachtsabend singen: „O du fröhliche, o du selige knabenbringende Weihnachtszeit..."

Dann ging er zu der Bahre hin und fasste sie an. Die Träger blieben stehen, und er sagte: Ich befehle dir, junger Mann: Steh auf!
Lukas 7,14

Bibelfest!

Begeistert kommt der Sohn aus dem Bibelunterricht: „Mutti, ab heute reden wir nur noch mit Bibelworten untereinander!"
Die Mutter schmunzelt und ist einverstanden. Am nächsten Morgen weckt sie ihren Sohn: „Jüngling, ich sage dir: Steh auf!"
Worauf dieser antwortet: „Frau, meine Stunde ist noch nicht gekommen!"

Wer sucht, der findet.

Lukas 11,10

Wer bietet mehr!

Auf einem Empfang tritt ein Mann ans Mikro und sagt: „Meine Damen und Herren, ich habe meine Brieftasche mit 500 Euro verloren. Der Finder bekommt 30 Euro!"

Eine Stimme aus dem Hintergrund: „Ich biete 40!"

Daraufhin erhob sich die ganze Versammlung, und man führte Jesus zu Pilatus.

Lukas 23,1

Wie Herr Oberstaatsanwalt meinen!

Ludwig Thoma (1867–1921) war eigentlich Rechtsanwalt von Beruf, gab diesen dann aber für die Schriftstellerei auf. Von obrigkeitshörigen Kollegen hielt er nicht viel, und so soll er einmal zynisch über einen Kollegen gesagt haben: „Wie der Staatsanwalt spricht, gefällt mir. Der würde die Kreuzigung Christi glatt für in Ordnung halten, bloß weil ihn sein ranghöherer Kollege Pontius Pilatus rechtskräftig verurteilt hat."

Die Frauen erschraken und blickten zu Boden. Die Männer aber sagten zu ihnen: Was sucht ihr den Lebenden bei den Toten? Er ist nicht hier, sondern er ist auferstanden.

Lukas 24,5-6

Gehässig!

Ein Pfarrer wurde von einer emanzipatorischen jungen Dame provoziert, die behauptete, dass doch schon die Tatsache, dass gerade Frauen als erste am leeren Grab von der Auferstehung erfahren hätten, ein Beweis sei, dass die Frau eine besondere Berufung habe.

Der Pfarrer meinte darauf: „Natürlich, wollte Gott doch, dass die Nachricht möglichst schnell unter die Leute käme!"

Und er legte ihnen dar, ausgehend von Mose und allen Propheten, was in der gesamten Schrift über ihn geschrieben steht.

Lukas 24,27

Schriftauslegung

Der protestantische Theologe und Kirchenhistoriker Adolf von Harnack (1851–1930) besucht seine baltischen Tanten: Diese berichten ihm stolz, dass sie gerade fortlaufend das Buch Ezechiel lesen würden. „Das ist ein sehr schwieriges Buch. Versteht ihr denn auch alles?", fragt der berühmte Theologe freundlich.

Die alten Damen nicken zuversichtlich: „Ja, wir begreifen es schon, und was wir nicht verstehen, erklären wir uns gegenseitig."

DAS EVANGELIUM NACH JOHANNES

Als der Wein ausging, sagte die Mutter Jesu zu ihm: Sie haben keinen Wein mehr. Jesus erwiderte ihr: Was willst du von mir, Frau? Meine Stunde ist noch nicht gekommen. Seine Mutter sagte zu den Dienern: Was er euch sagt, das tut! Es standen dort sechs steinerne Wasserkrüge, wie es der Reinigungsvorschrift der Juden entsprach; jeder fasste ungefähr hundert Liter. Jesus sagte zu den Dienern: Füllt die Krüge mit Wasser! Und sie füllten sie bis zum Rand. Er sagte zu ihnen: Schöpft jetzt, und bringt es dem, der für das Festmahl verantwortlich ist. Sie brachten es ihm. Er kostete das Wasser, das zu Wein geworden war.

Johannes 2,7-9

Bibelfest

Im katholischen Priesterseminar in Erfurt in Thüringen soll sich Folgendes zugetragen haben: Bei einer Feier, die alle Theologiestudenten – getrennt sitzend – mit ihren Professoren und dem Rektor begingen, versiegte der Wein.

Um den Hausherrn hintersinnig auf den für die Studenten so misslichen Umstand hinzuweisen, schickte ein vorwitziger Student eine stille Post vermittels eines Zettels an den Tisch des Rektors. Auf der Mitteilung stand: „Herr, sie haben keinen Wein mehr!" Die stille Post kam nach einiger Zeit zurück und wurde schon unterwegs mit einem breiten Lächeln aller quittiert. Auf die Rückseite hatte der schriftkundige Rektor geschrieben: „Füllet die Krüge mit Wasser!"

Als sie etwa fünfundzwanzig oder dreißig Stadien gefahren waren, sahen sie, wie Jesus über den See ging und sich dem Boot näherte; und sie fürchteten sich.

Johannes 6,19

Jetzt fahr'n wir übern See, übern See …

Am See Gennesaret gibt es Boote zu mieten, zum Spazierenfahren für fromme Pilger und (vielleicht etwas weniger fromme) Touristen.

„Was kostet der Spaß?", fragt ein interessierter Reisender.

„40 Euro die Stunde."

„Das ist ja ganz schön happig!"

„Aber bedenken Sie: Dies ist der See, auf dem schon Jesus selbst gewandelt ist!"

„Na, kein Wunder bei den Preisen …!"

Ich bin der gute Hirt. Der gute Hirt gibt sein Leben hin für die Schafe. Der bezahlte Knecht aber, der nicht Hirt ist und dem die Schafe nicht gehören, lässt die Schafe im Stich.

Johannes 10,11-12

Vom Wollen allein

Martin Luther (1483–1546) begutachtete die Predigt eines jungen Vikars. Dieser war so aufgeregt, dass er die Blätter mit seinen Predigtnotizen durcheinanderbrachte und nur noch die Anfangsworte des Predigttextes stammeln konnte „Ich bin der gute Hirte. Ich bin der gute Hirte."

Luther bedeutet ihm schließlich, von der Kanzel zu steigen, und predigte selbst.

Nach dem Gottesdienst sprach er zum Vikar: „Ein gutes Schaf mögt Ihr sein, doch kein guter Hirte."

Judas holte die Soldaten und die Gerichtsdiener der Hohenpriester und der Pharisäer, und sie kamen dorthin mit Fackeln, Laternen und Waffen.

Johannes 18,3

Dogmen

Der große Theologe Karl Rahner (1904–1984), der mit seiner Theologie maßgeblich das Zweite Vatikanische Konzil beeinflusst hatte, wurde einmal nach der Wirkungsbedeutung von Dogmen gefragt.

Er antwortete: „Dogmen sind wie Laternen in der Nacht. Sie sollen einem den richtigen Weg weisen – nur Betrunkene klammern sich daran."

Acht Tage darauf waren seine Jünger wieder versammelt, und Thomas war dabei. Die Türen waren verschlossen. Da kam Jesus, trat in ihre Mitte und sagte: Friede sei mit euch!

Johannes 20,26

Mir wam!

„Der Friede sei mit euch!" – So begrüßt der auferstandene Jesus seine Jünger in Johannes 20,21. Auf Russisch heißt das: Mir wam. Und so pflegen sich auch die Gläubigen in Russland zu begrüßen: Mir wam!
In der Bibelschule Kursk erzählte einer der Mitarbeiter der Baptistengemeinde diese schöne Erfahrung:
Ein deutscher Lehrer der Bibelschule sitzt in seinem Zimmer. Ein Russe tritt ein: „Mir wam!" Aber er hat nicht damit gerechnet, dass der Deutsche kein Russisch versteht. Der antwortet nämlich fröhlich: „Mir kalt!"

Jesus sagte zu ihm: Weil du mich gesehen hast, glaubst du. Selig sind, die nicht sehen und doch glauben.

Johannes 20,29

Es werde Licht

Um das Gesicht der Stadt Potsdam zu verschönern, ließ Friedrich der Große einigen Gebäuden Schaufassaden vorblenden. Der Alten Markt, an den die Nikolaikirche, das Stadtschloss, das Rathaus und Bürgerhäuser grenzten, sollte den Charakter einer italienische Piazza erhalten. So ordnete Friedrich an, der Kirche zur Marktseite hin eine verkleinerte Kopie der Schaufassade von Santa Maria Maggiore in Rom vorzusetzen. Damit würde er jedoch die Fenster innen verbauen, und die Kirche würde viel an Licht einbüßen. Die Kirchgemeinde schrieb deshalb eine Eingabe und bat den König, diese Baumaßnahme nicht vornehmen zu lassen. Doch Friedrich schrieb unter die Eingabe nur: „Selig sind, die nicht sehen und doch glauben."

DIE APOSTELGESCHICHTE

Ein junger Mann namens Eutychus saß am offenen Fenster und sank, als die Predigt des Paulus sich länger hinzog, in tiefen Schlaf.

Apostelgeschichte 20,9a

Einschläfernd

Der humorvolle Jesuit Pater Georffrey besuchte Madame des Essarts, die an starker Schlaflosigkeit litt. Lachend sagte er zu ihr: „Als Ihr noch meine Predigten besucht habt, konntet Ihr sehr wohl schlafen: nämlich vom Lesen des Bibeltextes bis zum Segen. Wir wollen doch mal sehen, ob es nicht noch immer wirkt." Und er begann: „In nomine domini ..."
Er brauchte nicht lange zu predigen, schon war die Dame selig eingeschlafen, und ihre Schlaflosigkeit war geheilt.

DER BRIEF AN DIE RÖMER

Um euch einigen in Erinnerung zu rufen, habe ich euch einen teilweise sehr deutlichen Brief geschrieben.
Römerbrief 15,15a

Die armen Römer

Carl Friedrich Georg Heinrici (1844–1915) war Professor für Neues Testament in Marburg. Einmal fand er nach der Vorlesung das Heft eines Studenten, der es vergessen hatte. Um den Absender zu erfahren, schlug er es auf, fand aber zu seiner Überraschung die folgenden Verse:

„Heinrici erklärt den Römerbrief
bisweilen richtig, bisweilen schief.
Die Römer sind schlimm drangewesen,
die mussten ihn ohne Heinrici lesen."

Der Professor soll herzlich gelacht und sogar um den Text gebeten haben.

Wer mit dem Herzen glaubt und mit dem Mund bekennt, wird Gerechtigkeit und Heil erlangen. Doch nicht alle sind dem Evangelium gehorsam geworden.

Römerbrief 10,10.16

Klösterlicher Gehorsam

Eine Ordensschwester führt einen Reporter, der seinen Radiohörern das Ordensleben vorstellen möchte, durch das Kloster. Sie zeigt ihm zuerst die Kirche, dann das Refektorium (Speisesaal) und dann die Klosterküche. Schließlich darf der Reporter sogar einen kurzen Blick in eine Klosterzelle werfen. Die Ordensschwester erläutert ihm den Tagesablauf mit den verschiedenen Gebetszeiten und erzählt von den praktischen Arbeiten wie Haus- und Gartenarbeit, die in einem Kloster so anfallen.

Am Ende des Rundgangs fragt der Reporter nach der Motivation für ein solches Leben. Die Ordensschwester erklärt: „Wir leben natürlich nach dem Evangelium – soweit unsere heilige Regel das zulässt."

DER ERSTE BRIEF AN DIE KORINTHER

Denn uns hat es Gott enthüllt durch den Geist. Der Geist ergründet nämlich alles, auch die Tiefen Gottes.

1. Korintherbrief 2,10

Wer von euch der Größte sein will

Wenn einmal herauskommen wird, wer der größte Theologe des Jahrhunderts gewesen ist, dann wird vielleicht irgend ein kleines Männlein oder Weiblein, das in Stille irgendwo Bibelstunden gehalten hat, im Lichte stehen und wird tatsächlich der größte Theologe dieses Jahrhunderts gewesen sein.

KARL BARTH

Wissen ist Macht

Über den reformierten Schweizer Theologen Karl
Barth (1886–1968) wird folgender Witz erzählt:
Als der große Theologe gestorben war, kam er zu
Petrus. Dieser erkannte ihn und freute sich, stellte ein
paar Fragen. Doch Professor Barth griff diese Fragen
auf, stellte Gegenfragen und verwickelte Petrus in
einen Disput. Diesem wurde es zu viel und er rief den
Erzengel Gabriel. Auch dieser wurde von Barth in
Verlegenheit gebracht und er schickte ihn zum Heili-
gen Geist.
Petrus und Gabriel hörten die lange und immer lauter
werdende Diskussion. Plötzlich erschien der Heilige
Geist schwankend und blass.
„Karl Barth ist doch nicht etwa durch die Prüfung
gefallen?", fragten sie ihn besorgt.
„Er nicht", antwortete der Heilige Geist, „aber ich!"

Wer pflanzt und wer begießt: beide arbeiten am gleichen Werk, jeder aber erhält seinen besonderen Lohn, je nach der Mühe, die er aufgewendet hat.

1. Korintherbrief 3,8

Zusammen(-)gegossen!

Zu einem Berliner Pfarrer kommen zwei zum Trau-gespräch, er Witwer, sie Witwe. Der Pfarrer gab seiner Freude Ausdruck, dass sie nach ihrem Verlust wieder einen Menschen gefunden hätten. „Wo, wenn ich fra-gen darf, haben Sie sich denn kennengelernt?"
Hierauf erhielt er die typisch Berlinerische Antwort vom Bräutigam: „Uffn Altn Friedhof. Ick jing ihr beji-ßen, sie jing ihm bejießen. Da haam wa uns jesacht: Det könn wa ooch zusamm besorjen!"

Ich danke Gott, dass ich mehr als ihr alle in Zungen rede.

1. Korintherbrief 14,18

Viele Zungen

Das Sprachtalent von Papst Johannes Paul II. war so legendär, dass ein italienisches Blatt voller Enthusiasmus vom Papstbesuch in Polen berichtete, Johannes Paul II. habe mehr als zwei Stunden mit dem polnischen Regierungschef Jaruzelski ohne Dolmetscher gesprochen!

DER ZWEITE BRIEF AN DIE KORINTHER

Uns wird Leid zugefügt, und doch sind wir jeder-
zeit fröhlich; wir sind arm und machen doch viele
reich; wir haben nichts und haben doch alles.

2. Korintherbrief 6,10

Fröhlich im Leid

Ich komm und weiß nit woher,
Ich bin und weiß nit wer,
Ich leb' und weiß nit wie lang,
Ich sterb' und weiß nit wann,
Ich fahr' und weiß nit wohin,
Mich wundert, dass ich fröhlich bin.

MAGISTER MARTINUS

DER BRIEF AN DIE GALATER

Bin ich also euer Feind geworden, weil ich euch die Wahrheit sage?

Galaterbrief 4,15

Anstößig

Während eines Festessens wollten die Trinksprüche kein Ende nehmen, und jedes Mal wurde angestoßen. Ein Gast, dem das auf die Nerven ging, fragte seinen Nachbarn: „Muss denn das sein, dass man mit den Weingläsern immerzu anstößt?"

„Es muss sein", antwortete dieser., „im Wein liegt Wahrheit, und mit der Wahrheit stößt man bekanntlich immer und überall an."

DER BRIEF AN DIE EPHESER

Wie aber die Kirche sich Christus unterordnet, sollen sich die Frauen in allem den Männern unterordnen. Ihr Männer, liebt eure Frauen, wie Christus die Kirche geliebt und sich für sie hingegeben hat, ...

Epheserbrief 5,24-25

Einer trage des andern Last

Ein heiteres Ehepaar –
das Beste, was sich in der Liebe
erreichen lässt.

THOMAS NIEDERREUTHER

DER BRIEF AN DIE PHILIPPER

Vor allem, meine Brüder, freut euch im Herrn! Euch immer das gleiche zu schreiben wird mir nicht lästig, euch aber macht es sicher.

Philipperbrief 3,1

Im Tagebuch geblättert

Johannes XXIII. schrieb schon als junger Seminarist Tagebuch. Diesem vertraute er bezüglich des strengen Seminarlebens das folgende an: „Verweile wenigstens eine Viertelstunde im Gebet, ehe du morgens aufstehst … Hüte dich vor Eigenlob und dem Wunsch, mehr oder auch nur im gleichen Maße wie andere geachtet zu werden."

Manchmal litt er unter seiner „ausbündigen Heiterkeit", doch schrieb er dazu: „Aber was soll's, es ist immer noch besser, fröhlich zu sein, als den Kopf hängen zu lassen. Und denke daran: Freue dich im Herrn!"

Alles vermag ich durch ihn, der mir Kraft gibt.
Trotzdem habt ihr recht daran getan, an meiner Be-
drängnis teilzunehmen.
Philipperbrief 4,13-14

Jeder tue seinen Teil

Eine Frau, die kurz vor der Operation steht, fragt den
Pfarrer, ob sie sich eine Betäubung geben lassen solle
vor dem Eingriff. Der gab zur Antwort, sie möge sich
ganz dem Rat ihres Arztes anvertrauen und fügen.
Ein Pfarrkollege, der das hörte, trat hinzu und meinte,
dass dies nicht recht sei und man das tragen solle,
was der Herr schicke!
Als die beiden Geistlichen das Haus verließen, goss es
in Strömen. Der erste spannte seinen Schirm auf und
ging los. Als sein unbeschirmter Mitbruder mit darun-
terschlüpfen wollte, meinte der erstere: „Aber, Herr
Konfrater, was der Herr schickt, muss man ertragen!"
und ließ ihn im Regen stehen.

DER BRIEF AN DIE KOLOSSER

Ihr Frauen, ordnet euch euren Männern unter, wie es sich im Herrn geziemt. Ihr Männer, liebt eure Frauen, und seid nicht aufgebracht gegen sie!
Kolosserbrief 3,18-19

Was sich neckt, das liebt sich

Beide Brautleute sind sehr temperamentvoll. Es geht verbal oft hoch her – doch ebenso schnell folgt auch wieder die Versöhnung.

Bei der x-ten Auseinandersetzung um die Dekoration der Hochzeitstafel platzt dem Bräutigam der Kragen: „Jetzt ist aber endgültig Schluss mit uns beiden! Such dir doch einen Dümmeren. Ich zweifle nur, dass du einen findest."

DER ZWEITE BRIEF
AN DIE THESSALONICHER

Denn als wir bei euch waren, haben wir euch die Regel eingeprägt: Wer nicht arbeiten will, soll auch nicht essen. Wir hören aber, dass einige von euch ein unordentliches Leben führen und alles mögliche treiben, nur nicht arbeiten. Wir ermahnen sie und gebieten ihnen im Namen Jesu Christi, des Herrn, in Ruhe ihrer Arbeit nachzugehen und ihr selbstverdientes Brot zu essen.

2. Thessalonicherbrief 3,10-12

Die Arbeit ist kein Frosch

… sie hüpft uns nicht davon.

DER ERSTE BRIEF AN TIMOTHEUS

Trink nicht nur Wasser, sondern nimm auch
etwas Wein, mit Rücksicht auf deinen Magen und
deine häufigen Krankheiten.

1. Timotheusbrief 5,23

Sparsam

Johann Wolfgang von Goethe war bekannt dafür, dass
er immer Wasser in seinen Wein mischte. Als ihn einmal ein paar junge Leute am Nachbartisch deshalb
hänselten, dichtet er aus dem Stehgreif die folgenden
Zeilen:

„Wasser allein macht stumm,
das beweisen im Meere die Fische.
Wein allein macht dumm,
das beweisen die Herrn dort am Tische.
Und weil ich keins von beiden will sein,
so mische ich Wasser und Wein."

DER ZWEITE BRIEF AN TIMOTHEUS

Der Herr sei mit deinem Geist! Die Gnade sei mit euch!

2. Timotheusbrief 4,22

Klappe!

Bei einem Weihnachtsgottesdienst im Kosovo, an dem viele Soldaten aus den neuen Bundesländern teilnahmen, begann der Pfarrer: „Der Herr sei mit euch …"
Alles blieb still, nur ein Rekrut wusste die Antwort und sprach: „… und mit deinem Geiste!"
Doch dieser wurde sofort von seinem Unteroffizier zurecht gewiesen: „Ruhe, quatsch dem Pastor nicht dazwischen!"

DER BRIEF AN DIE HEBRÄER

Denn lebendig ist das Wort Gottes, kraftvoll und schärfer als jedes zweischneidige Schwert ... es richtet über die Regungen und Gedanken des Herzens.

Hebräer 4,12

Wenn's haut, dann haut's

Ein protestantischer Prediger tadelte die laue Haltung der Gottesdienstbesucher, die glaubten, bloße Anwesenheit in der Kirche genüge schon: „Dann müssten die Kirchenbänke allesamt vor euch in den Himmel kommen, denn die stehen die ganze Woche in der Kirche!"

Unter den Zuhörern waren auch vornehme Adlige, die ihm anschließend Vorhaltungen machten, wie er ihnen gleicherweise wie dem Pöbel so die Leviten lesen könne. Der Pfarrer erwiderte: „Das Wort Gottes ist wie ein zweischneidiges Schwert, es haut nicht nur nach unten, sondern auch nach oben!"

DER BRIEF DES JAKOBUS

Siehe, ein kleines Feuer, welch einen Wald zündet's an! Auch die Zunge ist ein Feuer, eine Welt voll Ungerechtigkeit. So ist die Zunge unter unsern Gliedern: sie befleckt den ganzen Leib und zündet die ganze Welt an und ist selbst von der Hölle entzündet.

Jakobusbrief 3,5b-6

Fleischeslust

Der Pfarrer beginnt seine Predigt: „Für die heutige Predigt habe ich das dritte Kapitel des Apostels Jakobus als Grundlage gewählt. Es geht dort um den Fleischzipfel, mit dem die gräulichsten von allen Sünden getan werden." Etwas leiser fährt er fort: „Soll ich ihn euch nennen?", noch etwas leiser: „Nein, ich werde ihn euch zeigen!" – und streckt der Gemeinde die Zunge heraus.

DER ERSTE BRIEF DES PETRUS

Desgleichen, ihr Jüngeren, seid untertan den Ältesten. Allesamt seid untereinander untertan und haltet fest an der Demut. Denn Gott widersteht den Hoffärtigen, aber den Demütigen gibt er Gnade.

1. Petrusbrief 5,5

Hoffart – Fahrt über den Hof?

Der in Berlin als Oberhofprediger tätige Emil Frommel (1828–1896) will im Konfirmandenunterricht an den Bibelvers: „Gott widersteht den Hoffärtigen, aber den Demütigen gibt er Gnade" erinnern.

Als kein Konfirmand darauf kommt, sagt er schließlich den Anfang des Verses vor: „Gott widersteht den Hof..." – Sofort meldet sich ein Mädchen und sagt: „Gott widersteht den Hofpredigern, aber den Demütigen gibt er Gnade."

DER ERSTE BRIEF DES JOHANNES

Meine Kinder, es ist die letzte Stunde. Ihr habt gehört, dass der Antichrist kommt.

1. Johannesbrief 2,18

Geht mich nichts an!

Papst Benedikt XIV. wurde von einem Mönch bedrängt, der behauptete, er habe in einer Vision von der Geburt des Antichrist Mitteilung erhalten.

„Wie alt ist der Antichrist denn jetzt?", fragte der Papst.

„Etwa 4 Jahre."

„Da wird sich mein Nachfolger mit ihm beschäftigen", gab der greise Papst gelassen zurück.

DIE OFFENBARUNG DES JOHANNES

Als das Lamm das siebte Siegel öffnete, trat im Himmel Stille ein, etwa eine halbe Stunde lang.
Offenbarung 8,1

Mit Frauen unmöglich!

Diese Geschichte hat einer in Russland erlebt. –
„Frauen kommen nicht in den Himmel", behauptet da ein Student der Bibelschule Kursk. Das geht dann doch zu weit – bei aller Geduld mit dem jungen Russen. Doch der lässt sich nicht beirren und meint sogar, das mit der Bibel belegen zu können. „Offenbarung 8,1", sagt er. – Was dort stehe? „Da entstand eine Stille im Himmel etwa eine halbe Stunde lang."
Und tatsächlich! Schon der große Philosoph Immanuel Kant hat die Erkenntnis des russischen Studenten vorweggenommen. Von ihm stammt der Satz:
„Die Damen kommen nicht in den Himmel! Denn schon in der Offenbarung heißt es an einer Stelle, es sei im Himmel eine Stille gewesen von einer halben Stunde. So etwas lässt sich aber, wo Frauenzimmer sind, gar nicht als möglich denken."

QUELLENVERZEICHNIS

Einige Texte stammen aus dem Buch
Andreas Martin (Hg.), Mit Humor durch die Bibel,
St. Benno-Verlag, 2005

Alle Bibeltexte (außer S. 86 und 125):
Einheitsübersetzung der Heiligen Schrift
© Katholische Bibelanstalt Stuttgart, 1980